Überall Computer

Computer (*kommpjuta*) gibt es überall. Sie sehen sehr unterschiedlich aus.

Manchmal sind **Computer** (*kommpjuta*) auch in Maschinen oder Geräten versteckt. Wusstest du zum Beispiel, dass in vielen Supermarktkassen **Computer** (*kommpjuta*) stecken?

Gameboy | Fahrkartenautomat | Handy | Laptop | Computer in Arztpraxis | Flugzeug | Geldautomat | Playstation

„Nie wieder Hausaufgaben! Und nie wieder ..."

 1. Suche auf dem Bild alle Computer und Gegenstände, die mithilfe eines Computers funktionieren. Kreise ein. Die Wörter am Bildrand helfen dir.

2. Schau dich einen Tag lang um. Schreibe auf, welche Computer du entdeckst.

Ich habe ____ Computer gefunden.

 3. Träumst du auch manchmal von einem Computer, der alles für dich erledigt? Was müsste er können? Wie sollte er aussehen? Male ein Bild von deinem Computer.

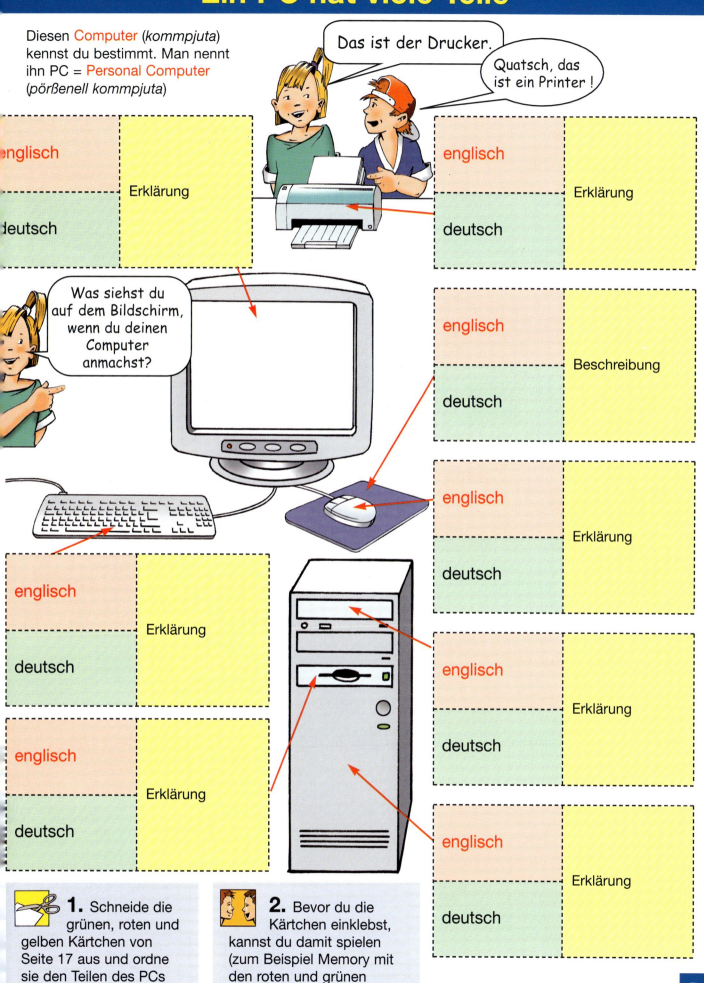

Mit dem Computer arbeiten

Manchmal schreiben wir in der Schule Geschichten mit dem PC = **Personal Computer** (*pörßenell kommpjuta*)

 1. Schau dir das Bild genau an. Was haben die Kinder alles mit dem Computer gemacht?

 2. Was machst du alles mit deinem Computer?

Mein Vater ist Architekt. Er zeichnet am **Computer** (*kommpjuta*) Häuser.

 3. Wozu nutzen Erwachsene den Computer? Frage nach.

Computerspiele

Hallo Ätt! Er spricht Pätt! Hast du Lust mit mir ins Schwimmbad zu gehen?

Ähm – nein! Ich habe keine Lust. Ich probiere gerade mein neues Computerspiel aus.

Spinnt der jetzt?

Hallo?

Ich war vielleicht sauer . . .

1. Was hättest du an Pätts Stelle gemacht?

Male und schreibe die Geschichte weiter.

2. Spielt deine Bildergeschichte mit verteilten Rollen.

3. Welche Computerspiele kennst du? Beschreibe dein Lieblingsspiel und stelle es der Klasse vor.

7

Vorm Computer sitzen – aber richtig!

 1. Schau dir Net genau an. Was fällt dir auf?

 2. Was würdest du anders machen?

 3. Macht eine Umfrage und sprecht in der Klasse über die Ergebnisse.

Fragen	Meine Antwort	Antwort von:
Wie lange hast du gestern am Computer gesessen?		
Was hast du am Computer gemacht?		
Mit wem hast du am Computer gesessen?		
Wie lange hast du gestern vor dem Fernseher gesessen?		
Was hast du dir gestern im Fernsehen angeschaut?		
Mit wem hast du gestern vor dem Fernseher gesessen?		
Wie lange hast du gestern draußen gespielt?		
Was hast du gestern draußen gespielt?		
Mit wem hast du gestern draußen gespielt?		

Internet – was ist das?

Auf der ganzen Welt gibt es **Computer** (*kommpjuta*), die miteinander verbunden sind. Sie bilden das **Internet** (*internätt*). **Internet** bedeutet Internationales Netz.

Man kann sich das **Internet** (*internätt*) wie ein riesiges Spinnennetz vorstellen.

Und was braucht man, um mitzumachen?

Mit einem **Computer** (*kommpjuta*) kannst du Teil des Internets werden und dir Texte und Bilder anschauen und sogar Musik anhören. Du bist dann **online** (*onnlein*). Das Stöbern im **Internet** (*internätt*) nennt man **Surfen** (*sörfen*).

 1. Schneide die Puzzleteile von Seite 17 aus und setze sie zusammen. Klebe die Teile richtig auf.

9

Alle haben eine Homepage

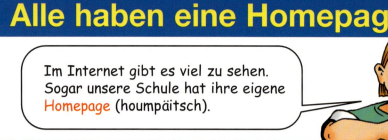

Im Internet gibt es viel zu sehen. Sogar unsere Schule hat ihre eigene Homepage (houmpäitsch).

 1. Was erfährst du über die Buntspecht-Grundschule?

 2. Wer soll sich die Seiten der Buntspecht-Grundschule wohl ansehen?

 3. Überlege, wie eine Homepage deiner Schule aussehen könnte. Male auf ein Blatt Papier.

 **4.** Auf der CD-ROM und im Internet findest du Grundschulen, die eine Homepage haben. Suche unter: www.klick-an.hagemann.de

5. Auf dieser Homepage hat sich Werbung versteckt. Findest du sie? Kreise ein.

6. Wer würde wohl gerne auf der Homepage eurer Schule Werbung machen? Begründe deine Meinung.

Wer?	Begründung

Bastelanleitung

1. Schneide jeweils das Vorder- und Rückenteil der Figuren aus.
2. Bestreiche das Rückenteil auf der weißen Seite mit Klebstoff.
3. Lege einen Holzstab (Schaschlikstab) wie in der Zeichnung links auf das Rückenteil.
4. Klebe nun das Vorderteil passend auf das Rückenteil.
5. Bevor du mit deinen Stabpuppen spielst, solltest du den Klebstoff trocknen lassen (etwa 10 Minuten).

n Stabpuppen

Spielvorschlag zu Seite 7

Suche dir ein Partnerkind.
Ein Kind spielt mit der Ätt-Puppe, das andere mit der Pätt-Puppe.
Spielt das Telefongespräch von Ätt und Pätt nach.
Überlegt, wie die Geschichte weiter gehen könnte und spielt eure
Geschichte den anderen Kindern eurer Klasse vor.
Vorschlag: Tauscht dann die Rollen.

Sicherlich findet ihr im Heft noch viele Situationen, die ihr gerne nachspielen möchtet.

Viel Spaß dabei!

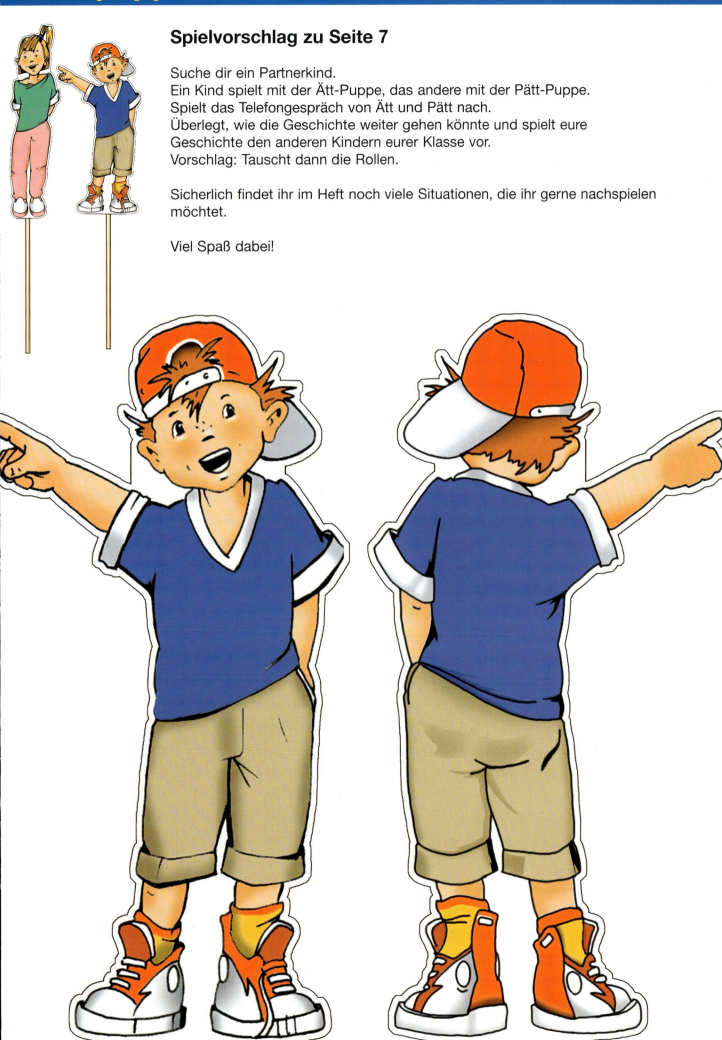

WWW Adressen – was steckt dahinter?

Jede Homepage (*houmpäitsch*) hat eine Adresse, damit man sie im Internet (*internätt*) findet. Die Homepage von „Klick an!" hat zum Beispiel die Adresse: www.klick-an.hagemann.de.

Wir haben ganz viele WWW-Adressen gesammelt.

1. www.zoo-hannover.de
2. www.teleauskunft.de
3. www.wissen.de
4. www.maritta.com
5. www.buecher.de
6. www.bahn.de
7. www.zdf.de
8. www.avanti.de

 1. Was fällt dir an den WWW-Adressen auf?
Schreibe auf, was alle Adressen gemeinsam haben.

_____

_____

 2. Was verbirgt sich wohl hinter den WWW-Adressen, die Ätt und Pätt gesammelt haben? Vermute.

1. _____	5. _____
2. _____	6. _____
3. _____	7. _____
4. _____	8. _____

3. Überprüfe die Adressen im Internet oder auf der CD. Hast du richtig getippt?

Wir haben viele Adressen, die für Kinder interessant sind, auf ein Plakat in der Klasse geklebt.

www.terzio.de/loewenzahn
www.wdr5.de/lilipuz
www.geo.de/geolino
www.blindekuh.de
www.kindercampus.de
www.kindernetz.de
www.deutsches-museum.de

Besonders interessant finde ich die Internetseiten, die sich hinter dieser Adresse verbergen.

4. Sammle WWW-Adressen und klebe oder schreibe sie auf ein Plakat in der Klasse.

Wege eines Briefes

Brief

Unsere beste Freundin ist nach Chicago in Amerika gezogen. Wir vermissen sie sehr. Ich habe ihr einen Brief geschrieben.

Mo 14:00

Mo 15:00

Mo 18:00

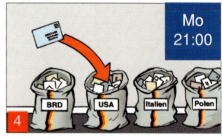
Mo 21:00

Mo 24:00

Di 4:00

Do 3:00

Do 6:00

Do 9:00

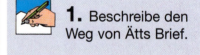

1. Beschreibe den Weg von Ätts Brief.

 1. Vorteile eines Briefes

Wege einer E-Mail

E-Mail

Ich habe ihr eine E-Mail (*imäil*) geschrieben.

 2. Schneide die Textkärtchen von Seite 17 aus und klebe sie zu den passenden Bildern.

 3. Vergleiche:

Wie lange ist Ätts Brief unterwegs?   ___ Stunden ___ Minuten

Wie lange ist Pätts E-Mail unterwegs? ___ Stunden ___ Minuten

 2. Vorteile einer E-Mail

Lass uns chatten!

Hier im Chatroom (tschättruhm) ist immer etwas los.

Wer spricht denn hier mit wem?

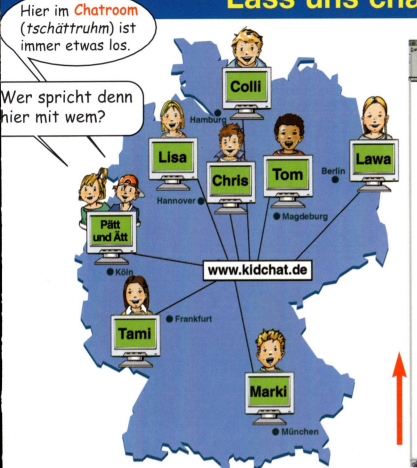

Chris->	Ich fahre auch gerne Inliner.
Ätt und Pätt->	Inliner fahren finden wir besser.
Lisa->	Tschüss
Tom->	Klar.
Tami ->	In Frankfurt. Ich spiele gern Fußball, ihr auch?
Marki->	Hoffentlich hab ich keine Fünf.
Lawa->	Das ist ja doof.
Colli->	Schade. Tom wollen wir zusammen chatten?
Ätt und Pätt->	In Köln und du?
Lisa->	Nö, ich geh jetzt, vielleicht morgen.
Marki->	Ich bin nicht fertig geworden.
Tami->	Wo wohnt ihr denn?
Tom->	Hallo Leute!
Ätt und Pätt->	Wir sind zum ersten Mal hier.
Lawa->	Wie war dein Mathetest, Marki?
Colli->	Hey Lisa willst du mit mir zusammen chatten?

Leserichtung

1. Spielt die Unterhaltung mit verteilten Rollen nach. Was fällt euch auf?

2. Wer spricht mit wem? Verbinde die Kinder, die sich miteinander unterhalten.

3. Schau dir im Internet selbst einen Chatroom an.
Einige Chats findest du unter www.klick-an.hagemann.de

Richtig oder falsch? Jetzt weißt du es bestimmt!

Sicherlich hast du gemerkt, dass Net auf Seite 3 viel Unsinn erzählt hat. Kannst du seine Fehler berichtigen?

Weißt du jetzt auch, wie wir auf unsere Spitznamen Ätt und Pätt gekommen sind?

Internet heißt Zwischenwelt. In dieser Welt leben Außerirdische.

1. Was bedeutet Internet wirklich?

2. Was brauchst du, wenn du im Internet surfen willst?

1. _____   4. _____
2. _____   5. _____
3. _____   6. _____   7. _____

Um im Internet vorwärts zu kommen, braucht man ein Surfbrett. Deshalb sagt man auch: „Ich surfe im Internet."

Die Außerirdischen im Internet schreiben sich keine Briefe, sondern E-Mails, das geht ruck-zuck!

3. Was bedeutet E-Mail? Wer kann E-Mails schreiben und verschicken?

4. Kann Nets E-Mail-Adresse wirklich so aussehen? Begründe deine Antwort.

Meine E-Mail-Adresse sieht so aus: aol@net.hambur

5. Was bedeutet das Wort Screen? Wie heißt das richtige englische Wort für Tastatur?

Zum Tippen der Adresse braucht ihr einen Screen.

6. Hat Net auch hier Unsinn erzählt?

Ich muss jetzt weg. Ich habe noch eine Verabredung im Chatroom. So nennt man die Erzählräume im Internet. Dort sind manchmal mehr als 20 Kinder, mit denen man plaudern kann.

Ausschneidebogen

Ausschneidebogen für Seite 5

Drucker	Tastatur		Maus	Disketten-Laufwerk
Maus-Unterlage	CD-ROM-Laufwerk	Bildschirm	Rechner	Screen (*skrien*)
Printer (*printer*)	Keyboard (*kibord*)	Mouse (*maus*)	Floppy-Drive (*floppi-dreif*)	Mouse-Pad (*maus-pätt*)
Diese Schublade kannst du rein- und rausfahren. In sie legst du CD-ROMs. Diese enthalten zum Beispiel Programme oder Spiele.	Computer (*kommpjuta*)	CD-ROM-Drive (*ci-di-rom-dreif*)	In diesem Kasten ist das „Gehirn" deines PCs. Ohne ihn funktioniert nichts.	In diesen Schlitz schiebst du Disketten. Auf ihnen kannst du etwas abspeichern.
Ohne sie klappt gar nichts. Du kannst mit ihr über den Bildschirm wandern und Verschiedenes anklicken.	Dieses Gerät druckt den Text, den du am PC getippt hast, auf Papier.	Sie hat Tasten mit Buchstaben, Zahlen und Zeichen. Du brauchst sie zum Beispiel zum Schreiben.	Du bewegst die Maus auf ihr. Das geht besser als auf der Tischplatte.	Auf diesem Gerät siehst du, was du gerade schreibst, malst oder über die Tastatur eingibst.

Ausschneidebogen für Seite 9

spezielle Computer-Programme

Telefonleitung

Telefon-Buchse

Modem

Computer

Provider (*proweider*)

Computer auf der ganzen Welt, die miteinander verbunden sind

Ausschneidebogen für Seite 13

	Die E-Mail (*i-mäil*) flitzt rasend schnell durch das Telefonnetz zum Provider (*proweider*).	Sie gibt Klaras E-Mail (*i-mäil*)-Adresse ein, geht online (*onnlein*) und schickt die E-Mail (*i-mäil*) ab.
Von dort wird die E-Mail (*i-mäil*) weitergeschickt ...	Dort kommt sie bei Klaras Provider (*proweider*) an.	Wenn Klara online (*onnlein*) geht, kann sie nachschauen, ob sie eine E-Mail (*i-mäil*) bekommen hat.
Pätt setzt sich an den PC, startet das E-Mail (*i-mäil*) -Programm und schreibt Klara eine E-Mail (*i-mäil*).	Klara sieht die E-Mail (*i-mäil*) auf dem Bildschirm ihres Computers (*kommpjutas*).	Sie rast über viele Zwischenstationen nach Amerika.